Anna Nausch

Harmonische & glückliche
Beziehungen leben

Erklärung

Der Inhalt und die Informationen in diesem Buch wurden aus zuverlässigen Quellen nach bestem Wissen zusammengestellt und erarbeitet. Trotzdem können Fehler nicht vollkommen ausgeschlossen werden. Dieses Buch ersetzt keinen Arzt, und es ist kein medizinischer Ratgeber.

Die Autorin (und der Verlag) übernimmt keine Haftung für Schäden die von eventueller falscher Ausführung der Übungen, Tipps oder von Ratschlägen entstehen. Sie sind nicht verpflichtet, auf irgendeiner Weise Schäden zu ersetzen. Im Zweifelsfall und bei ernsthaften Beschwerden, Krankheiten nehmen Sie bitte professionelle Hilfe, Therapie durch einen Arzt in Anspruch.

Informationen über die Autorin im Internet:
https://www.anna-nausch.com

© 2019 Anna Nausch

1. Auflage

Umschlaggestaltung: Anna Nausch
Verlag und Druck: tredition GmbH, Halenreie 40-44, 22359 Hamburg

ISBN
Paperback: 978-3-7497-4800-6
Hardcover: 978-3-7497-4801-3
e-Book: 978-3-7497-4802-0

Das Werk, einschließlich seiner Teile, ist urheberrechtlich geschützt. Jede Verwertung ist ohne Zustimmung des Verlages und des Autors unzulässig. Dies gilt insbesondere für die elektronische oder sonstige Vervielfältigung, Übersetzung, Verbreitung und öffentliche Zugänglichmachung.

Anna Nausch

Harmonische & glückliche Beziehungen leben

Praxiserprobte Tipps & Übungen für dein Beziehungsglück
*Bonus: Beziehungstest

Inhaltsverzeichnis

Einleitung 11
Warum ich dieses Buch schreibe? 13

Teil 1 Beziehungen 15
Beziehungen 17
Beziehung zu dir selbst 17
Eltern-Kind-Beziehung 18
Freundschaft 18
Liebesbeziehung 19
Partnerschaft 19
Sexbeziehung 20
Geschäftsbeziehung 20

Teil 2 Mentaltraining 23
Was ist Mentaltraining? 25
Wo hilft Mentaltraining? 25
Wo wird Mentaltraining angewendet? 26

Teil 3 Selbstliebe / Liebe 27
Liebe ohne Selbstliebe, ist das möglich? 29
Übungen zur (mehr) Selbstliebe 36
Spiegelübung 1 36
Spiegelübung 2 36
Übung zum Aufwachen mit Selbstliebe 38

7 Tipps für mehr Selbstliebe 39
Liebe...43

Teil 4 Beziehungsgeheimnisse 47
Das Geheimnis glücklicher Beziehungen 49
Partnerschaft und das Gesetz der Anziehung...............53
Wenn du alleine bist und einen Partner wünschst........53
Übung: Traummann – Avatar 55
Wenn du in einer Partnerschaft lebst.............................57
Wie deine Partnerschaft erfolgreich wird 58
Kommunikation zwischen Mann und Frau 60
Beziehungsfakten...62
2 Beispiele für liebevolle und harmonische Ehen...........64
1. Die Zusammenfassung vom Interview mit Andrea V. 64
2. Die Geschichte meiner Eltern 65

Teil 5 Übungen.. 67
Selbstbewusstsein stärken..69
Die Kraft der Gedanken 72
Glaubenssätze..76
Übung: Entdecke deinen Glaubenssatz: 77
Beispiele für Glaubenssätze 79
Ankern..82
Übung: Moment of Excellence.......................................82
Visualisieren...86
Übung zum Visualisieren 87

Teil 6 Glück 89
Glück 91

Teil 7 Dankbarkeit 95
Dankbarkeit...97
Übungen zur Dankbarkeit:...97

Teil 8 Anhang 101
Beziehungstest...103
Interview mit meiner Freundin und vierfachen Mutter, Andrea V..106
Literaturnachweis 111
Nachwort..112
Über die Autorin 115

Einleitung

Einleitung

„Harmonische & glückliche Beziehungen leben" – das möchte jeder Mensch. Dass du dieses Buch liest, zeigt, dass du mehr über Beziehungen erfahren, dein Leben und deine Beziehungen verbessern möchtest.

Das Thema Beziehungen ist sehr umfangreich und immer aktuell. Es betrifft uns alle, weil jeder Mensch mehrere Beziehungen in ihrem Leben hat. Damit ist nicht nur die Partnerschaft gemeint, sondern die Beziehung zu uns, zu unseren Eltern, Geschwistern, Verwandten, Freunden, Kollegen…usw.

Wie geht es dir mit deiner Familie, Verwandten, Kollegen…? Denkst du mit Freude und Dankbarkeit an sie? Freust du dich, wenn du sie triffst? Oder sind deine Beziehungen zu deinen Eltern, Großeltern, Partner… durch ungelöste Konflikte belastet? Hast du Wut, Zorn und Unzufriedenheit in dir, wenn du an sie denkst? Gibst du sogar ihnen die Schuld für deine Probleme?

Hast du mit deinem Partner oft Meinungsverschiedenheiten? Ärgert es dich, wenn er etwas nicht so macht, wie du es möchtest? Hast du genaue Vorstellungen darüber, wie dein Partner sein soll, wie er sich verhalten soll? Es gibt in jeder Beziehung mal Meinungsverschiedenheiten, Diskussionen oder Streit. Perfekte Beziehungen gibt es nicht.

Warum ist das so? Ein wichtiger Grund dafür ist: Man kennt sich selbst und den Partner nicht genug. Es gibt natürlich noch viele andere Gründe.

Dieses Buch ist für (Ehe)Paare, Singles, Geschiedene, für Jung, Alt, Frauen und Männer.

Dieses Buch ist kein einfacher Ratgeber. Es ist auch ein Arbeitsbuch, das dich ins Tun bringt. In diesem Buch findest du viele hilfreiche Tipps, Übungen und Beispiele, um dich besser kennen– und lieben zu lernen, deinen Partner und Andere zu verstehen. Weiters erfährst du, wie du richtig kommunizierst, wie glückliche Beziehungen funktionieren… Dadurch wirst du dein Leben, deine Gefühle, deine Beziehungen zu dir und anderen verändern und verbessern, - wenn du dich dafür entscheidest. Ich beschreibe in diesem Buch nicht nur Neues. Vielleicht kennst du schon einige Übungen und Tipps. Ich habe in diesem Buch die besten Übungen zusammengefasst.

Du kannst am besten von diesem Buch profitieren, wenn du dieses Buch nicht nur liest, sondern auch die Übungen machst. Durch Lesen alleine ändert sich nichts. Wichtig ist es, die Übungen und Tipps auch anzuwenden und in deinen Alltag zu integrieren. Nur so ist Veränderung möglich.

Warum ich dieses Buch schreibe?

Ich werde immer wieder zu diesen Themen (Beziehungen, Glück, Familie) um Tipps und Ratschläge gefragt. Meine Diplomarbeit habe ich in der Ausbildung zur Dipl. Mentaltrainer/In über das Thema Beziehungen geschrieben und habe viel Erfahrung auf diesem Gebiet. Ich habe selbst einige Beziehungen & Ehe hinter mir. So ist die Idee entstanden, ein Buch über Beziehungen zu schreiben.

Jetzt fragst du wahrscheinlich, wie und wo ich mein Wissen angeeignet habe? Seit meinem 13. Lebensjahr interessiere und beschäftige ich mich mit den Themen: Glück, Liebe, Beziehungen, Ehe, Familie... Ich habe meine Eltern und viele andere Paare, Familien beobachtet, wie sie leben und habe viele Bücher darüber gelesen. Mit der Zeit habe ich selbst Erfahrungen gemacht und habe aus meinen Erfahrungen & Erlebnissen viel gelernt.

Mit diesem Buch und meiner Arbeit als Glückscoach & Beziehungsexpertin möchte ich dir und vielen Menschen mein Wissen und Erfahrungen weitergeben und zeigen, wie es möglich ist, harmonische & glückliche & erfüllte Beziehungen zu leben.

In diesem Buch verwende ich die weibliche Sprachform. Männer sollen sich natürlich auch angesprochen fühlen.

Ich wünsche dir, dass du mit Liebe und Frieden erfüllte Beziehungen lebst, die dich und alle glücklich machen.

Anna Nausch

Klagenfurt am Wörthersee, im November 2019

Teil 1

Beziehungen

Was ist eine Beziehung?

Eine Beziehung ist eine Verbindung oder Kontakt zwischen einzelnen Menschen oder Gruppen. Jeder Mensch hat mehrere Beziehungen in ihrem Leben. (Z.B: zu den Eltern, Freunden, Kollegen, Partner...) Beziehungen sind lebensnotwendig. Ganz alleine kann man nicht existieren.

Es gibt verschiedene Beziehungsarten:
- Beziehung zu dir selbst
- Eltern-Kind-Beziehung
- Freundschaft
- Liebesbeziehung
- Partnerschaft
- Sexbeziehung
- Geschäftsbeziehung...usw.

Beziehung zu dir selbst

Die erste und wichtigste Beziehung hat jeder zu sich selbst. Das heißt, wie du mit dir umgehst, was du über dich denkst, was du fühlst. Du solltest auf dich achten. Das ist die Grundlage für dein Leben.

Im Kapitel 3 erkläre ich dir, was die Beziehung zu dir genau ausmacht und gebe dir einige Übungen an die Hand.

Eltern-Kind-Beziehung

Die Eltern-Kind-Beziehung ist eine Verbindung (emotional und sozial) zwischen einem Elternteil und dem eigenen Kind. Es gibt die Mutter-Tochter, Mutter-Sohn, Vater-Tochter, Vater-Sohn, Vater-Mutter-Kind-Beziehung und andere Konstellationen (z.B. Patchwork-Familien).

Freundschaft

Freundschaft ist eine Verbindung zwischen zwei oder mehreren Personen. Freundschaft kann zu gleichgeschlechtlichen oder zu anderen geschlechtlichen Personen entstehen. Da ist meistens das gleiche Interesse ausschlaggebend. Freundschaften entstehen zum Beispiel: im Kindergarten, in der Schule, in der Arbeit, zwischen Nachbarn, in Vereinen...usw.

Freundschaften sind sehr wichtig im sozialen Leben. Durch sie lernt man Neues, findet Gleichgesinnte und man wird durch andere motiviert.

Liebesbeziehung

Liebesbeziehung ist eine Verbindung auf emotionaler und körperlicher Ebene zwischen zwei Menschen. Meistens besteht eine Liebesbeziehung zwischen Mann und Frau, aber auch gleichgeschlechtliche Beziehungen sind möglich.

Viele Liebesbeziehungen entwickeln sich mit der Zeit zu festen Partnerschaften.

Partnerschaft

Unter einer Partnerschaft versteht man eine gleichzeitig sexuelle und soziale Gemeinschaft zwischen zwei Menschen. Das Maß der Bindung und der Verpflichtung ist bei einer Partnerschaft höher als bei einer Liebesbeziehung. Partnerschaften sind zum Beispiel: Ehen, eingetragene Partnerschaften, Lebensgemeinschaften.

Sexbeziehung

Eine Sexbeziehung, wie der Name schon sagt, basiert nur auf körperliche Ebene. Treffen sich zwei Menschen (Mann und Frau oder gleichgeschlechtliche Paare) um gegenseitig die körperlichen Bedürfnisse zu befriedigen, meistens ohne Gefühle, Pflichten und Erwartungen.

Geschäftsbeziehung

Eine geschäftliche Beziehung entsteht in der Arbeitswelt, zwischen Kollegen, Vorgesetzten oder zwischen Geschäftspartnern. Sie nehmen Kontakt miteinander auf, um Geschäfte zu machen, Projekte realisieren und zusammenzuarbeiten.

Deine Beziehungen, sind so, wie du sie gestaltest. Es hängt von dir ab, ob deine Beziehungen harmonisch, glücklich, verständnisvoll sind oder das Gegenteil.

Notizen

Teil 2

Mentaltraining

Was ist Mentaltraining?

Der Begriff „Mentaltraining" ist noch vielen Menschen nicht bekannt. Mentaltraining ist eine umfassende Methode zur positiven Lebensgestaltung; die bewusste Beeinflussung des Denkens, Wollens und Tuns. Man kann die geistigen Fähigkeiten trainieren, damit Konflikte, Probleme lösen und Wünsche verwirklichen.

Wo hilft Mentaltraining?

- Deine Ziele richtig zu formulieren und im Anschluss zu erreichen
- Bewusster zu leben
- Deine Stärken und deiner noch verborgenes Potenzial zu aktivieren
- Verbessert die Kommunikation mit dir selbst und anderen
- Viele Dinge besser zu verstehen
- Positiv zu denken
- Deine Beziehungen zu verändern & verbessern

Wo wird Mentaltraining angewendet?

Mentaltraining kann man in allen Lebensbereichen anwenden.
- Bei zwischenmenschlichen Beziehungen
- Beim Sport
- Bei Stress
- Bei Persönlichkeitsentwicklung
- Bei der Gesundheit

Beziehungen sind ein riesiges Übungsfeld, egal, ob es um die Eltern, Freunden, Partner, Kinder…geht. Da ist Mentaltraining sehr hilfreich.

Notizen

Teil 3

Selbstliebe / Liebe

Liebe ohne Selbstliebe, ist das möglich?

Diese Frage wird oft gestellt, weil es immer mehr Menschen interessiert. Zuerst sollte man wissen, was Selbstliebe ist:

„Selbstliebe, auch Eigenliebe, bezeichnet die allumfassende Annahme seiner selbst in Form einer uneingeschränkten Liebe zu sich selbst."

Selbstliebe ist die Basis für jeden Bereich des eigenen Lebens, um glücklich zu sein.

Wie entsteht Selbstliebe? Was braucht man, um Selbstliebe zu praktizieren?

Selbstliebe entsteht im Inneren, durch Gefühle und Empfindungen. Sie braucht die Freiheit und Unab-

hängigkeit. Durch Zwang kann keine Eigenliebe entstehen. Eigenliebe heißt, mit sich selbst zu beschäftigen, etwas Gutes tun, gut um sich auf allen Ebenen zu sorgen: körperlich, geistig und seelisch:
- Körperliche Ebene heißt Körperpflege. (duschen, rasieren, Zähne putzen...)
- Geistige Ebene bedeutet: sich weiterzubilden, lesen, Neues lernen, sich mit Menschen zu unterhalten, damit man geistig fit wird und bleibt.
- Seelische Ebene heißt: Gefühle zu haben und zu zeigen, Gedanken über sich und über die Welt zu machen.

Übung:

Wo stehst du jetzt in Sachen Eigenliebe? Mach eine Bestandsaufnahme. Stell dir folgende Fragen und beantworte dir ganz ehrlich:
- Wer bin ich?
- Was denke ich über mich?
- Was fühle ich?
- Wie fühle ich mich in meiner Haut?
- Liebe ich mich?
- Kann ich mich annehmen, so wie ich bin?

_____

_____

_____

_____

_____

Wenn wir uns lieben wollen, ist es wichtig, dass wir uns von äußeren Einflüssen befreien. (von Ereignissen Taten, Konsequenzen...)

Selbstliebe ist beständig und ist von äußeren Umständen unabhängig.

Hier sind einige Beispiele:

Ich liebe mich **nicht** weniger,
- wenn es regnet oder der Himmel bedeckt ist,
- wenn jemand zu mir sagt, ich sei hässlich,
- wenn ich alleine leben muss,
- wenn ich einen beruflichen oder privaten Misserfolg erlebe,
- wenn ich nicht schön angezogen bin,
- wenn ich krank, dick...bin.

Jeder Mensch hat einen Filter, durch den er alles betrachtet und erlebt.

Filter heißt, dass man seit der Kindheit verschiedene Sichtweisen, Beobachtungen, Methoden zur Verarbeitung von Informationen entwickelt hat. Wir haben mehrere Filter. Unsere Filter beeinflussen unser Denken stark.

Wenn wir „negative Filter" benutzen, dann fokussieren wir auf das Negative. Dann kommen wir in eine Abwärtsspirale.

Durch „positive Filter", wenn wir unser Fokus auf das Positive richten, werden wir glücklicher, erfolgreicher.

„Der Filter bestimmt das Bild, das wir von uns selbst und von anderen haben."

Der Filter kann:
- einschränkend
- befähigend
- aufwertend
- abwertend
- tröstlich
- entmutigend
- beruhigend...usw. sein.

Welchen Filter benutzt du? Wie siehst du dich und andere?

Wenn du deine Hemmungen ablegst und deine Filter veränderst, passieren positive Veränderungen:

- du wirst glücklicher,
- freier,
- du fühlst dich wohler,
- du bist besser in der Lage dich selbst zu lieben, ohne zu leiden...usw.

Selbstliebe bedeutet, dass du auf dich achtest, gut für dich sorgst, dich verwöhnst...

Ich kenne viele Leute, die alles für andere tun, aber für sich selbst nur ganz wenig oder gar nichts. Wenn du bis jetzt auch so gelebt hast, dann ändere das! JETZT!

Viele Menschen wollen alleine nichts machen und warten auf jemanden, oder auf den richtigen Moment.

Ich höre oft folgende Aussagen: Alleine reisen, ins Kino gehen...das ist langweilig, oder das traue ich mir nicht zu, ich mache das nicht, ich mache es dann, wenn ich einen Partner habe... Das ist vergeudete Zeit...WARTEN...WARTEN... Warum warten? Man kann fast alles alleine machen. Man braucht nicht warten, bis man jemanden gefunden hat, der mit einem etwas unternimmt. Trifft das auf dich zu? Dann heißt es für dich:

Warte nicht, dass jemand deine Bedürfnisse und Wünsche erfüllt, sondern erfülle sie dir!

Es ist zuerst vielleicht ungewöhnlich, aber mit der Zeit wirst du immer mehr Übung darin haben und es wird dir Spaß machen.

Beispiel 1:

Eine Frau möchte ins Theater gehen, weil es eine interessante Aufführung gibt. Sie hat 2 Optionen:

Option 1: Sie geht alleine ins Theater und genießt den Abend,

Option 2: Sie wartet bis sie jemanden findet wer mit ihr ins Theater geht. (Es kann sein, dass sie niemanden findet und die Vorstellung versäumt.)

Welche Option würdest du wählen?

Beispiel 2:

Eine junge Frau lebt alleine. Sie mag Wellness. Sie möchte gerne einen Tag in eine Therme fahren und für sich einen Wellnesstag mit Dampfbad, Schwimmen, Relaxen...gönnen.

Option 1: Sie wartet bis sie jemanden findet, die mitfährt.

Option 2: Sie fährt alleine in die Therme und genießt den Tag. (mit einem guten Buch). Damit tut sie sich Gutes und wartet nicht, bis jemand ihr Bedürfnis erfüllt.

Ein positiver Nebeneffekt: Wenn man alleine ist, kann man neue Menschen kennenlernen.

Übungen zur /mehr/ Selbstliebe

Spiegelübung 1
- Nimm dir einen kleinen Handspiegel in deine Hand; so groß, dass du dein Gesicht beobachten kannst.
- Setz dich hin und entspanne dich. Schaue einige Minuten dein Gesicht im Spiegel: deine Augen, Mund, Haare...an.
- Lächle dein Spiegelbild an und schaue was passiert. Was für Gefühle hast du?
- Zum Schluss sag deinem Spiegelbild folgende Sätze: Ich liebe dich. Du bist einzigartig. Du bist gut genug. Am Anfang reicht ca.3 Minuten und später kannst du die Zeit steigern.

Spiegelübung 2
Wenn dir die Erste Übung schon leichtfällt, kannst du mit der zweiten Übung weitermachen:
- Sorge dafür, dass du alleine und ungestört bist.
- Stell dich nackt (Z.B: vor oder nach dem Duschen) vor einen Spiegel.

- Nimm dir einige Minuten Zeit und betrachte dich im Spiegel, deinen Körper, schaue dir in die Augen und lächle dein Spiegelbild an.
- Sag dir folgende Sätze, wie zum Beispiel: ich bin schön, ich bin einzigartig, ich habe schöne Augen, ich liebe mich, so wie ich bin... Am besten und wirkungsvollsten ist es, wenn du die Sätze laut aussprichst.

Wenn du nicht willst, dass jemand dir zuhört, kannst du die Sätze innerlich sprechen oder denken. Mach das eine Zeit lang regelmäßig und schaue, wie das auf dich wirkt.

Regt sich innerer Widerstand in dir? Ist es für dich schwierig, diese Sätze auszusprechen? Oder geht ganz leicht und fühlst du dich gut dabei?

Am Anfang ist es ungewöhnlich, aber mit der Zeit macht es immer mehr Spaß und du wirst merken, dass sich einiges in deinem Inneren und im Außen verändert. Du gewinnst an Selbstbewusstsein und an Selbstvertrauen.

Bild: Spiegelübung

Übung zum Aufwachen mit Selbstliebe

Hier ist noch eine Übung für eine starke Selbstliebe:

Das ist eine schöne Übung und eine meiner Lieblingsübungen:
- Nach dem Aufwachen, bleib noch ein bisschen mit geschlossenen Augen liegen und
- sag dir selbst so etwas wie: „Ich freue mich auf den kommenden Tag. Ich bin neugierig, was mich heute Schönes erwartet. Ich bin dankbar, dass ich ausgeschlafen bin und dass es mir gut geht."

Diese Übungen helfen dir, eine positive Selbstliebe aufzubauen. Wichtig ist, dass du es regelmäßig machst. Am besten integrierst du die Übungen in deinen Tagesplan. Du kannst schon gleich in der Früh mit der ersten Selbstliebe-Übung beginnen.

7 Tipps für mehr Selbstliebe

1. Nimm dir Zeit für dich selbst.

Wann hast du das letzte Mal wirklich Zeit für dich genommen? Nimm heute mal 30 Minuten Zeit, wo du nur um dich kümmerst. Tue Gutes für dich. Lese ein schönes Buch, meditiere...mach das was dir Freude macht.

2. Gönn dir etwas.

Wann hast du dir das letzte Mal was gegönnt? Ist es schon lange her?

Dann gönn dir heute was. Es muss nicht (viel) Geld kosten. Es kann ein Spaziergang, ein Schaumbad, oder eine Massage sein.

3. Wofür bist du dankbar?

Das ist eine der wichtigsten Übungen, was es gibt. Überlege dir, wofür du dankbar bist: was du hast, was gut gelaufen ist.

Nimm ein Blatt Papier und schreib es auf, was dir einfällt. Es muss nicht Großes sein, Kleinigkeiten zählen genauso.

4. Verzeih dir selbst

Egal was war, was passiert ist, verzeih dir. Das was war, ist schon Vergangenheit. Verzeih dir, lass los und du wirst dich sofort besser fühlen.

5. Nimm das Leben nicht so streng

Und nimm dich selbst nicht so streng; verurteile dich nicht. Wenn die Dinge nicht sofort funktionieren, hab Geduld mit dir. Nimm dir Zeit, die du brauchst. Es gibt ein Spruch: „Gute Ding braucht Weile."

6. Lächle öfter

Schaue dir morgens in den Spiegel und lächle dich an. Lächle deine Kollegen in der Arbeit oder mit wem du Kontakt hast, an. Mach es bewusst! Du wirst sehen, dass dein Zustand verbessert, deine Selbstliebe wächst. Es gibt nichts Schöneres, als oft am Tag zu lächeln.

7. Sei stolz auf dich selbst

Wenn du etwas gut gemacht hast, oder etwas geschafft hast, dann sei stolz auf dich. Nimm dir Zeit, es zu genießen. Menschen mit starker Selbstliebe sind stolz auf das, was sie erreicht haben.

Selbstliebe wird oft fälschlicherweise mit Egoismus gleichgesetzt. Menschen, die auf sich selbst achten, werden oft als Egoisten genannt. Dabei hat Selbstliebe nichts mit Egoismus oder Arroganz zu tun, sondern mit der Überzeugung, dass man ein guter Mensch ist, der zu sich selbst steht und sich selbst annimmt, so wie er ist. Man braucht nicht zu verbiegen, um anderen zu gefallen. Selbstliebe hat mit Selbstvertrauen und Authentizität zu tun.

Wenn ein Mensch sich selbst liebt, dann fällt es ihm leicht, andere Menschen so zu akzeptieren, wie sie sind. Ohne sich selbst zu lieben, kann man andere nicht lieben. Alles fängt bei sich selbst an.

Es gibt viele Menschen, die sich selbst nicht lieben, sondern sich sogar hassen. Hass ist ein Hilferuf: ich will geliebt und gehört werden. Man kann nur das hassen, was man lieben will.

Menschen, die sich selbst oder andere hassen, haben schlechte Erfahrungen gemacht oder schmerzliche Situationen erlebt und sind ohnmächtig. Sie denken, dass sie ihre Situation nicht verändern können.

Hass kann man mit Verständnis & Hilfe besiegen und sogar in Liebe umwandeln.

Notizen

Liebe

Was ist Liebe? Es ist schwer zu definieren, weil jeder etwas anderes darunter versteht. Laut Wikipedia ist „Liebe eine Bezeichnung für stärkste Zuneigung und Wertschätzung."

Liebe ist ein Gefühl und ein Grundbedürfnis. Ohne Liebe können wir nicht lange überleben. Jeder Mensch braucht Liebe. Liebe ist in jedem von uns vorhanden, nur oft verschüttet.

Wir können lernen mit der Liebe umzugehen, das heißt wir können ihr Ausdruck verleihen, sie annehmen, sie frei lassen, sie nicht mit etwas anderem verwechseln, sie nicht behindern und ersticken. Jeder Mensch ist fähig zu lieben und sich lieben zu lassen.

Liebe ist bedingungslos. Das bedeutet, dass man jemanden liebt, so wie er/sie ist, mit all seinen / ihren Makeln, Fehlern, positiven und negativen Eigenschaften.

Viele Menschen verwechseln die Liebe mit anderen Gefühlen, wie Eifersucht, Besitzergreifen, Angst, Hass. Diese Gefühle sind keine Liebe, sondern das Gegenteil von Liebe.

Was ist Liebe wirklich?

Liebe ist:
- loslassen können,
- Vergebung,
- andere nicht beschuldigen,
- die Abwesenheit von Angst,
- nicht Brauchen und Wollen,
- Aufmerksamkeit,
- einfühlsam,
- bedingungslos,
- ein lebenslanger Prozess mit Wachstum...usw.

Warte nicht, bis du von jemandem geliebt wirst. Liebe, wen du lieben willst. Suche keine Liebe, sondern gib Liebe.

„Ein Tropfen Liebe ist mehr als ein Ozean Verstand."

- „Blaise Pascal"

Notizen

Teil 4

Beziehungs-geheimnisse

Das Geheimnis glücklicher Beziehungen

In diesem Kapitel geht es zuerst allgemein um Beziehungen und dann um Partnerschaft. Es gibt Unterschiede. Beziehung ist nicht gleich Partnerschaft. Im Anhang (Seite 103-105) findest du einen Beziehungstest. Den Test kannst du für alle deine Beziehungen machen. (Beziehung zu deinen Eltern, Freunden, Kollegen, Partner...)

Hier sind die wichtigsten Punkte, die für jede Beziehung gelten:
- Selbstliebe (siehe Kapitel 3.)
- Sich entschuldigen (Fehler eingestehen und entschuldigen ist wichtig)
- Erwarte von deinem Gegenüber nichts (Erwartungen bergen die Gefahren von Enttäuschungen. Fordere keine Versprechen- das rächt sich.)
- Sei dankbar, dass dein Gegenüber für dich Zeit nimmt
- Lüge nicht und verheimliche nichts, die Wahrheit kommt irgendwann raus

- Sei selbstsicher, authentisch (sei, so wie du bist, keine Spiele und „Masken aufsetzen")
- Zuhören und miteinander reden
- Behandle dein Gegenüber so, wie du von ihm behandelt werden möchtest
- Vergib und verzeih dir und anderen (Jeder macht Fehler, verzeihen ist unerlässlich)

Zusätzlich für Partnerschaften gilt:
- Ähnlichkeit (in Lebensvorstellungen, Interessen, Hobbys und Erwartungen an eine Beziehung)
- Fördere ihn in seinen Interessen und Eigenschaften
- Unterstütze deinen Partner
- Keine Angst vor Trennung (wenn man auseinander entwickelt folgt oft die Trennung)
- Glückliche Zweisamkeit (entsteht durch Gefühle, Wärme und Herzlichkeit)
- Empathie (Einfühlen in den Partner)
- Bewunderung
- Gespräche fördern
- Körperliche Anziehung

Jeder hat viele verschiedene Beziehungen: zu den Eltern, zu der Familie, Bekannten, Kollegen, Partner,

Kindern...usw. Schauen wir zuerst die Beziehung zu unseren **Eltern** an:

Zu unseren Eltern haben wir die zweitwichtigste (nach uns selbst) Beziehung.

Als wir auf die Welt kamen, war unsere Mutter die wichtigste Person in unserem Leben. Danach kamen andere Bezugspersonen dazu, wie unser Vater, Großeltern, oder eventuell die Geschwister. Als Kinder waren wir auf unsere Eltern angewiesen. Sie waren für uns zuständig, haben auf uns geschaut, dass es uns nichts fehlt und unsere Bedürfnisse befriedigt. Wir haben von ihnen viel gelernt und haben einige Gewohnheiten, Denkmuster & Glaubenssätze übernommen. Wir haben ihnen blind geglaubt, weil sie älter sind und sie viel Erfahrung haben. Wir waren überzeugt, dass, was sie machen und sagen, richtig ist.

Später als Erwachsene stellen viele Menschen fest, dass die Eltern auch nur Menschen sind. Sie machen auch Fehler, wie jeder von uns und sie wissen nicht alles. Viele Menschen geben dann ihren Eltern die Schuld dafür, dass sie so unglücklich sind oder es schwer im Leben haben.

Ich höre oft, dass viele über ihre Eltern klagen und schimpfen.

Da sag ich, **STOPP!** Man sollte einmal darüber nachdenken. Stimmt es wirklich, dass alles, das uns widerfährt, mit unseren Eltern zu tun hat und sie Schuld daran sind?

Die Antwort lautet: NEIN! Unsere Eltern sind nicht schuld. Wir haben unsere Wirklichkeit so erschaffen. Jeder ist für sein Leben selbst verantwortlich.

Es ist ganz wichtig zu verstehen, dass unsere Eltern ihr Bestes getan haben. Egal was damals passiert ist, sie konnten damals nicht anders handeln. Sie haben auch ihre Muster und Glaubenssätze, wie wir.

Wenn man das versteht und den Eltern, Bezugspersonen, die etwas „falsch gemacht haben" verzeiht, dann erfährt man innere Ruhe und Frieden. So ist ein wundervolles, harmonisches Verhältnis zu den Eltern möglich.

Freundschaften sind wichtig im Leben. Dadurch lernen wir mit fremden Menschen zu kommunizieren, Konflikte zu lösen, entwickeln wir uns weiter und haben Spaß miteinander.

Partnerschaft und das Gesetz der Anziehung

Das Gesetz der Anziehung besagt, worauf du deine Aufmerksamkeit richtest, das ziehst du an. Egal ob du es willst, oder nicht, weil vieles unbewusst passiert. Bei der Partnerwahl ist das auch so.

Wenn du alleine bist und einen Partner wünschst

Als Menschen machen wir uns schon früh Gedanken darüber, wie wir leben wollen: ob wir einen Partner möchten, in einer Partnerschaft leben, heiraten wollen, oder alleine bleiben. Wir werden auch von außen beeinflusst; wir sehen verschiedene Beispiele bei unseren Eltern, Großeltern, Verwandten und Freunden.

Es ist wichtig, sich von außen nicht beeinflussen zu lassen. Jeder hat die Möglichkeit, die Verantwortung für die Entscheidungen zu übernehmen und selbst darüber zu entscheiden, was man will, mit wem man leben will... Man sollte nicht danach richten was andere sagen, weil sonst lebt man das Leben anderer.

Beispiel 1:

Wenn du dauernd denkst, dass du keinen Partner findest, der zu dir passt, dann wirst du auch keinen finden. Du blockierst dich selbst.

Beispiel 2:

Wenn du einen sportlichen, treuen, humorvollen…zu dir passenden Partner wünschst, dann fließt die Energie dorthin und du wirst so einen Partner anziehen.

Die folgende Übung hilft dir herauszufinden, was du dir wünschst. (Wie sollte dein Partner sein, was sollte er haben…) Es ist wichtig, dass du realistisch bleibst und nicht sehr hohe Erwartungen hast. Schaue bei dir: wie tickst du, was kannst du einem Partner bieten? Was du bist, was du hast, das kannst du bieten und auch erwarten.

Übung: Traummann – Avatar

Was ist ein Traummann - Avatar? Das ist eine Liste mit allen Merkmalen, Eigenschaften, Interessen, die du dir von deinem Traummann wünschst.

Die folgenden Fragen helfen dir dabei:
- Wie heißt er?
- Wie alt ist er?
- Ist er schlank, mollig, dick...?
- Trägt er einen Bart?
- Trägt er eine Brille?
- Wie groß ist er?
- Was macht er beruflich?
- Was sind seine Interessen und Hobbys?
- Was sollte er unbedingt haben? (zum Beispiel: Humor, Pünktlichkeit...)
- Hat er Kinder?
- Wünscht er sich Kinder?
- Wo wohnt er und wie wohnt er? (alleine, bei seinen Eltern, in einem Haus mit Garten oder in einer Wohnung...)
- Was trägt er gerne? (sportliche, oder elegante Bekleidung, Jeans, Anzug, Krawatte,...)

_____

_____

_____

_____

_____

Wenn du genau weißt, was du willst, dann wirst du es bekommen. Natürlich musst du etwas dafür tun. Nur zu träumen und vorzustellen ist zu wenig. Es ist alles möglich, wenn man daran glaubt und etwas für die Erreichung des Ziels tut.

Ich werde oft gefragt, warum sind so viele Menschen alleine, oder ziehen immer wieder den „falschen" Partner an?

Es ist schwer diese Frage allgemein zu beantworten. Es kann mehrere oder verschiedene Gründe haben. Doch am meisten treffen die folgenden 2 Punkte zu:

- Sie wissen nicht genau, was sie wollen und deswegen bekommen sie es nicht.
- Sie sind mit sich selbst unzufrieden und haben wenig oder gar kein Selbstbewusstsein und Selbstvertrauen. So ziehen sie auch einen ähnlichen Partner an, der sich selbst nicht liebt und nicht selbstbewusst ist. So kann auf Dauer eine Partnerschaft nicht funktionieren. Am Anfang ist es schön, aber nach einiger Zeit kommen die Probleme ans Tageslicht. Dann folgt oft Streit, das Vertrauen geht verloren und es endet oft mit der Trennung.

Wenn du in einer Partnerschaft lebst

Wenn du einen Partner hast, aber unglücklich in der Beziehung bist und etwas verändern möchtest, kannst du die Tipps und Übungen, die in diesem Buch beschrieben sind, dafür verwenden. Du kannst gerne deinen Partner mit einbeziehen. Eine Partnerschaft besteht immer aus zwei Menschen. Wenn sie nicht funktioniert, sind auch alle zwei beteiligt.

Wie deine Partnerschaft erfolgreich wird

Du brauchst verschiedene Fähigkeiten, um eine erfolgreiche & glückliche Partnerschaft zu führen:
- Fähigkeit, Harmonie zu schaffen,
- Kritikfähigkeit,
- Fähigkeit, richtig zu kommunizieren,
- Humor,
- Freiheit, Unabhängigkeit
- Fähigkeit, die Tage & das Zusammenleben schön und genussvoll zu gestalten,
- Fähigkeit, Geborgenheit, Zärtlichkeit, Wärme zu schenken,
- Zuverlässigkeit,
- Treue,
- Fähigkeit, die Bedürfnisse des Partners wahrzunehmen und zu stillen,
- Fähigkeit, die eigene Bedürfnisse wahrzunehmen und zu befriedigen, bzw. dem Partner mitzuteilen
- Leidenschaft, körperliche Nähe zu genießen...usw.

Diese Liste ist nicht vollständig. Es gibt noch einige Fähigkeiten. Ich habe hier nur die wichtigsten Fähigkeiten aufgelistet.

Die Beziehungsfähigkeiten kann man üben und ausbilden, um beziehungsfähiger zu werden.

Wenn du diese Liste anschaust, weißt du wahrscheinlich, warum deine Partnerschaft bis jetzt nicht so glücklich und erfolgreich war.

Vielleicht hast du schon oft gehört, dass jede den Partner bekommt, den sie verdient. Das heißt, dass aufgrund dieser Fähigkeiten, Eigenschaften zieht man einen ähnlichen Partner an.

Denk daran: Das ist deine große Chance, bei dir diese Fähigkeiten zu erkennen und zu verändern, damit du mehr Liebe und Glück in deiner Partnerschaft bringen und erleben kannst.

Kommunikation zwischen Mann und Frau

Männer und Frauen sind unterschiedlich; auch was die Kommunikation betrifft. Das Gehirn von Männern und Frauen ist ganz anders aufgebaut. So kommt es oft im Leben vor, dass Männer und Frauen einiges anders verstehen und interpretieren. Das führt oft zu Missverständnissen. Kommunikation ist das A und O im Leben. Kommunikation ist nicht nur reden und zuhören, sondern dazu gehören noch die Körpersprache, Gestik und Mimik.

Wie kann man gut kommunizieren?
- Es ist wichtig, für ein Gespräch Zeit zu nehmen. Im Gespräch dem Gegenüber aufmerksam zuhören. Das heißt, mit voller Aufmerksamkeit dabei zu sein und den anderen ausreden lassen.
- Fragen stellen. Eine sehr gute Frage, dass du stellen kannst: Habe ich richtig verstanden, dass du … (hier einfügen was du gehört hast)

gesagt hast? Hast du das so gemeint... (hier nochmals das Gesagte wiederholen.)
- Wenn der andere dir geantwortet hat, dann kannst du reden.
- Seid offen und ehrlich zueinander. Teile deinem Partner deine Gedanken und Wünsche mit. (keine Vorwürfe.) Spreche in „ich" Form. Z.B: Ich wünsche mir, dass du mich zur Vorstellung begleitest. Ich wünsche mir, dass wir das Wochenende miteinander verbringen...
- Sag deinem Partner, was du möchtest. Beschreibe genau, was du von ihm wünschst. Er kann es nicht wissen, weil er nicht Gedankenlesen kann.
- Frag ihn nach seinen Wünschen.

Die Körpersprache zeigt deinem Gegenüber in Sekunden, wie du dich fühlst. Dazu gehören Gestik und Mimik. Man strahlt aus, wie es einem geht, wie man darauf ist (traurig, fröhlich, gestresst...), die Leute merken das sofort und reagieren darauf.

Beziehungsfakten

Männer und Frauen reden nicht nur anders, sondern denken auch unterschiedlich. Ich habe das Buch: Wie Männer & Frauen Ticken von Hauke Brost & Marie Theres Kroetz-Relin gelesen und fand es interessant. Da geht es um über 150 Fakten, wie Männer Frauen und Frauen Männer besser verstehen. Ich zeige dir anhand einiger Beispiele, wie Männer und Frauen denken.

1. Warum reden Männer wenig?

Weil sie nicht stundenlang diskutieren wollen. Männer sagen einfach was sie wollen. Männer wollen keine Ratschläge hören. Frauen wollen alles ausdiskutieren, bohren nach, wollen alles wissen und erteilen gerne Ratschläge. Mit der Zeit ist der Mann genervt und sagt lieber gar nichts.

2. Wie viel Freizeit brauchen Männer für sich allein?

Für Männer ist Freiheit ganz wichtig. Das Geheimnis einer guten Partnerschaft besteht nicht im Festhalten, sondern im Loslassen können. Männer brauchen ihren Freiraum. Lass ihn seinen Job machen, mit Freunden zu treffen und Hobbys nachzugehen. Genieße die Zeit mit ihm, was er mit dir verbringen möchte. Aber fordere nicht mehr.

3. Warum sind so schöne Frauen Single?

Weil sich viele Männer nicht an sie herantrauen. Viele Männer sind sehr verunsichert und denken, dass eine schöne Frau mit mir nicht reden will, oder sie ist schon vergeben. Frauen sind wählerisch und geben sich nicht mit dem ersten zufrieden, sondern warten lieber auf den Richtigen.

4. Warum ist ihr Äußeres so wichtig für sie?

Frauen geben viel auf ihr Äußeres. Sie verbringen viel Zeit im Bad, schminken sich gerne, tragen schöne Kleider. Sie wollen sich nach außen in Bestform zeigen. Sie fühlen sich wohler, wenn sie gepflegt und schön sind. Komplimente nehmen sie gerne an. Wenn eine Frau mit sich selbst zufrieden und selbstbewusst ist, dann strahlt sie das aus.

2 Beispiele für liebevolle und harmonische Ehen

1. Die Zusammenfassung vom Interview mit Andrea V.

Ich habe mit meiner Freundin Andrea, die in einer glücklichen Ehe lebt, über Liebe, Selbstliebe und Familie gesprochen. Hier kannst du die kurze Zusammenfassung lesen. Das ganze Interview findest du im Anhang.

Andrea ist 49 Jahre alt, Ungarin und wohnt seit 6 Jahren mit ihrer Familie in Klagenfurt, in Österreich.

Sie ist in der zweiten Ehe seit 21 Jahren glücklich verheiratet. Ihre erste Ehe hat 5 Jahre gedauert und aus dieser Ehe hat sie 3 (mittlerweile erwachsene) Kinder.

Als sie noch mit ihrem ersten Mann verheiratet war, hat sie in der Arbeit ihren jetzigen Mann kennengelernt. Er war damals auch noch verheiratet. Für beide war es die große Liebe. Sie haben viel dafür gekämpft, dass sie zusammen sein können. Die Familien und Freunde waren zuerst gegen diese Liebe. Nach einiger Zeit haben sie sich von ihren Ehepartnern scheiden lassen und haben geheiratet. Sie sind mittlerweile 21 Jahre zusammen und haben einen gemeinsamen Sohn. Und was das Wichtigste ist, sie sind noch immer verliebt, wie am ersten Tag und sehr glücklich miteinander.

Jetzt fragst du wahrscheinlich, was ist ihr Geheimnis? Ich verrate dir im Interview. (siehe Anhang)

2. Die Geschichte meiner Eltern

Meine Eltern waren 45 Jahre (bis zum Tod meiner Mutter, im Dezember 2018) glücklich miteinander verheiratet. Sie haben zwei Erwachsene Kinder (meinen Bruder und mich) und zwei Enkeln. Meine Mutter ist vor 5 Jahren krank geworden und seitdem hat sich mein Vater sehr intensiv und rührend um sie gekümmert. (Mein Vater hat früher zu Hause auch hin und wieder geholfen, wenn er zu Hause war. Er hat früher sehr viel gearbeitet.) Als die Krankheit (Demenz und Alzheimer) von meiner Mutter vorangeschritten ist, sind sie in ein Altenheim gezogen. Sie haben dort 2 Jahre zusammen verbracht und sie haben sich dort wohlgefühlt. Am Anfang hat mein Vater meiner Mutter beim An-und-Ausziehen, Duschen, Essen, Haarewaschen geholfen. Er wollte nicht die Hilfe von den Schwestern in Anspruch nehmen. Mit der Zeit wurde es immer schwieriger meine Mutter zu Pflegen und dann hat er sich Hilfe geholt. In den letzten Monaten haben sich immer mehr die Schwester um meine Mutter gekümmert. Mein Vater hat sie jeden Tag öfters besucht, hat ihr Obst oder Süßigkeiten mitgebracht und ist mit ihr jeden Tag eine kleine Runde spazieren gegangen.

Das ist bedingungslose Liebe.

Notizen

_____

_____

_____

_____

_____

_____

Teil 5

Übungen

Selbstbewusstsein stärken

Selbstbewusstsein und selbstsicheres Auftreten ist im Leben und in Beziehungen enorm wichtig. Nur wer mit sich selbst zufrieden ist, kann auch mit anderen Menschen zufrieden sein. Lerne hier mehr darüber, wie du dein Selbstbewusstsein durch mentales Training stärken kannst.

Positive Gedanken

Mentaltraining befasst sich mit der Stärkung und Festigung des Geistes und der Gedanken. Lerne positiv zu denken und deine Schwächen zu akzeptieren. Schließlich besitzt jeder Mensch Fehler und Schwächen. Es ist natürlich unmöglich immer nur positiv zu denken. Das ist normal, dass du, wie jede andere, manchmal negativ denkst und Dinge passieren, was du nicht willst.

Merke: Es passiert nur das, was für dich förderlich ist, und das ist nicht immer positiv. Es gibt in jeder Situation eine Lernaufgabe und eine Wachstumsmöglichkeit, du musst sie nur erkennen und das Beste daraus machen.

Mein Tipp:

1. Schreib die Dinge auf, die du oder andere Menschen an dich mögen. So wirst du deiner Stärken bewusst.

2. Höre auf, ständig Dinge und Menschen zu kritisieren. Das zeugt nur von mangelndem Selbstbewusstsein. Falls du dich dabei erwischst, wie du unnötige Dinge kritisierst, überleg dir, was an diesem Tag gut und lobenswert war.

3. Verwende bewusst eine positive Sprache, anstatt eine Negative. Wenn du auf das Positive konzentrierst, das wird sich auch in deinen Beziehungen bemerkbar machen.

Übung:

Beantworte die folgenden Fragen:
- Wer bin ich?
- Wo stehe ich?
- Was sind meine Stärken und Eigenschaften?
- Was kann ich gut, was sind meine Talente?
- Was macht mir Spaß und Freude?
- Was mag ich an mich?

- Wo bin ich mit mir unzufrieden?
- Was sind meine Schwächen?
- Was kann ich nicht(gut)?
- Wer will ich sein?
- Wo will ich hin? Was ist mein Ziel?

_____

_____

_____

_____

_____

_____

Erst, wenn du diese Fragen beantworten kannst, bist du einen großen Schritt in Richtung Selbstbewusstsein gegangen. Mehr Selbstvertrauen kannst du nur gewinnen, wenn du dich besser kennenlernst. Ein gesundes Selbstbewusstsein ist für eine glückliche Beziehung sehr wichtig. Wenn du dir die oben genannten Fragen stellst, wirst du schnell feststellen, wie einzigartig du bist. Diese einzigartige Persönlichkeit solltest du lieben lernen.

Sei dir deine negativen Eigenschaften & Schwächen auch bewusst. Nimm sie an, mach dir keine Vorwürfe oder denke nicht schlecht über dich. Diese Eigenschaften gehören zu dir. Wenn dich deine Schwächen, Eigenschaften...stören, arbeite an dir. Du kannst deine Schwächen, negativen Eigenschaften und Gewohnheiten verändern.

„Denke positiv und positive Dinge werden geschehen." – „Unbekannt"

Die Kraft der Gedanken

Bevor du voller Selbstbewusstsein auftreten kannst, solltest du die Situation, in der du selbstsicher handeln möchtest, erst mal vor deinem geistigen Auge sehen können. Das neue Verhalten soll lebhaft im Kopf abgespielt werden, damit es später leichter fällt es auch so in der Wirklichkeit umzusetzen.

Experten sind sich sicher, dass das Verhalten nichts weiter ist als die bisherigen mentalen Vorstellungen- also wie man denkt und wie man reagiert. Das kannst du auch einfach trainieren: Mindestens 3 Wochen lang solltest du dich jeden Tag eine halbe Stunde in einer ruhigen Umgebung entspannen und die Augen schließen. Dann stell dir eine Situation vor, in der du selbstbewusster auftreten möchtest. Die Bilder sollten dabei so klar und lebhaft wie möglich sein. Durch diese lebhaft vorgestellten Gedanken werden positive Erlebnisse im Gehirn gespeichert. Diese lassen dich dann nicht nur in einer Beziehung, sondern in jeder Angelegenheit selbstbewusster und mit mehr Selbstvertrauen auftreten.

Das Spannungsfeld zwischen beruflichen Herausforderungen, persönlicher Entwicklung und privaten Interessen macht es oft schwer, den Fokus darauf zu richten, einen Partner zu finden oder ausreichend Energie in eine bestehende Partnerschaft zu investieren.

Es klingt vielleicht unromantisch, aber ist absolut lohnend deine Energie und deine Gedanken auf die Beziehung zu richten, anstatt zu warten, was passiert.

Übung:

Stell dir die folgenden Fragen:
- Wieviel Platz habe ich in meinem Leben für eine Partnerschaft?
- Ist mein Leben so fokussiert, dass Raum für einen Partner/eine Partnerin da ist?
- Denke ich in „Ich" oder „Wir"?
- Bin ich bereit etwas für eine Beziehung aufzugeben? Wenn ja, was?
- Bin ich bereit von meinem Partner zu lernen?

Wenn du diese Fragen beantwortest, lernst du dich und deine Bedürfnisse/Wünsche kennen.

Viele Menschen sagen, dass sie eine Beziehung/einen Partner möchten. Wenn ich ihnen diese Fragen stelle, wird ihnen bewusst, dass sie noch nicht bereit sind eine Beziehung einzugehen, bzw. für eine Beziehung nichts aufgeben/ändern wollen.

Notizen

Glaubenssätze

Was sind Glaubenssätze?

Glaubenssätze sind Überzeugungen, Meinungen, Einstellungen, die wir für wahr halten und im Alltag anwenden. Es kommt von früheren Erlebnissen, aus der Kindheit, von den Eltern, Bezugspersonen... Wir merken das, was wir gelernt und oft gehört haben.

Glaubenssätze bestimmen, was wir denken, wahrnehmen und was wir für möglich halten.

Sie können Erlaubnis oder Verbote beinhalten. Es gibt positive und negative Glaubenssätze.

Diese Überzeugungen beeinflussen unser Leben, entscheiden darüber, ob wir gesund, glücklich sind, ob wir unsere Ziele erreichen oder nicht. Sie helfen uns, unsere Ziele & Träume zu verwirklichen oder verhindern sie.

Wenn wir unsere Glaubenssätze verändern, verändert sich unser Leben und unsere Wahrnehmung von der Welt. Weißt du, dass die meisten Menschen sich ihrer Glaubenssätze nicht bewusst sind?

Übung: Entdecke deinen Glaubenssatz:

Nimm dir Zeit, komm zur Ruhe und frage Dich:
- Was denke ich über mich, über mein Leben?
- Was denke ich über andere Menschen/über das andere Geschlecht?
- Was haben mir meine Eltern/Großeltern, Verwandten, Lehrer...gesagt?
- Was sind meine Überzeugungen, zu den verschiedenen Themen, wie: Beziehung, Liebe, Partnerschaft/Ehe, Geld, Arbeit...usw?

Schreib deine Glaubenssätze auf:

_____

_____

_____

_____

_____

Am Ende dieses Kapitels findest du Beispiele für negative und positive Glaubenssätze.

Stell dir die folgende 4 Fragen:
- Ist das wahr?
- Kannst du dir absolut sicher sein, dass das wahr ist?
- Wie reagierst du (wie fühlst du dich), wenn du diesen Gedanken glaubst?
- Wer wärst du ohne diesen Gedanken, gibt es einen Grund ihn loszulassen?

Wenn du genau nachfragst, merkst du meistens schnell, dass es nicht wahr ist.

Du kannst alle negativen Glaubenssätze umformulieren, egal um was es sich handelt.

Beim Formulieren von Glaubenssätzen achte auf die folgenden Punkte:
- Positiv,
- im Gegenwart formulieren,
- „nein" und „kein" nicht verwenden,
- keine Absichtserklärung:
  „will, möchte, würde…"nicht verwenden.

Du kannst die positiven Glaubenssätze aufschreiben und aufhängen, wo du sie oft siehst. Am besten sag oder lies sie jeden Tag öfters.

Nach einiger Zeit wirst du bemerken, dass du positiver denkst und glücklicher, gelassener bist.

Schreib deine positiven Glaubenssätze auf:

_____

_____

_____

_____

_____

Beispiele für negative Glaubenssätze:
- Ich bin nicht gut genug.
- Ich bin dick, dünn, hässlich…
- Ich bin ein Versager.
- Die Welt ist gefährlich.
- Alles ist gegen mich.
- Ich bin dumm.
- Geld verdirbt den Charakter.
- Für Geld muss man hart arbeiten.
- Ich ziehe immer den „falschen" Partner an.
- Ich habe kein Glück in meinem Leben.
- Ich finde keinen Mann.
- Ich werde nie glücklich sein…usw.

Beispiele für positive Glaubenssätze:
- Ich bin gut.
- Ich bin einzigartig.
- Ich liebe mich, so wie ich bin.
- Ich akzeptiere mich, so wie ich bin.
- Ich erreiche meine Ziele.
- Ich höre auf mein Herz und bringe ehrlich und offen zum Ausdruck, was ich fühle.
- Es geht mir jeden Tag besser.
- Ich bin liebenswert.
- Es kommt zu mir, was gut für mich ist.
- Ich trage die Verantwortung für mein Leben.
- Ich verdiene es, glückliche Beziehungen zu haben.
- Ich lebe in einer glücklichen & harmonischen Partnerschaft.
- Ich habe einen Partner auf meiner Seite, der zu mir passt.
- Ich bin mit meinen Beziehungen (zu Mutter, Vater, Freunden…)zufrieden.
- Ich liebe mein Leben.
- Ich lebe mein Leben mit innerer Ruhe und Frieden.
- Ich verfolge das Ziel der Partnersuche mit Freude und Gelassenheit…usw.

Die Liste kannst du beliebig fortsetzen.

Mein Tipp:

Nimm einen Zettel und mache 2 Spalten. Schreib in die linke Spalte deine negativen Glaubenssätze und in die rechte Spalte deine positiven Glaubenssätze auf. Dann schneide die linke Spalte weg und verbrenne oder zerreiße sie. So kannst du deine negativen Glaubenssätze loslassen.

Notizen

Ankern

Ankern ist ein Vorgang das bewusst herbeigeführte Verbinden bestimmter Reize mit bestimmten Reaktionen. Im NLP ist Ankern eine gern verwendete Technik.

Die in der Verhaltenstherapie heutzutage gerne verwendete behavioristische Vorgehensweise (Konditionierung) wurde von Iwan Pawlow erforscht.

Übung: Moment of Excellence

Der Moment of Excellence ist eine sehr gute Ankerübung. Das heißt, es ist eine positive Erinnerung in der Vergangenheit, wo der/die betreffende in hervorragender Verfassung oder gut darauf war. Beispiel: Momente der Freude, Energie, Kreativität, Erfolge...wo der Person sich gut, mutig, glücklich gefühlt hat.

Moment of Excellence ist immer ein positives Bild oder, Gefühl. Ziel dieser Übung ist es im Alltag genau dann unsere kraftvollen Seiten zur Verfügung zu haben, wenn wir sie am dringendsten brauchen.

Übung: Ankern

- Setz dich entspannt hin, schließe deine Augen. Dann denke an einen Moment, an ein Ereignis aus deiner Vergangenheit, wo du glücklich, kraftvoll, warst. Du kannst auch mehrere solche Momente aussuchen.
- Stell dir diese Momente vor und frag dich: Was sehe ich? Was fühle ich? Wie ist meine Körperhaltung in der Situation?
- Suche einen Punkt an deinem Körper aus und drücke dort. Z.B. Am Handgelenk einen Punkt drücken währenddessen an das positive Ereignis gedacht wird.
- Mach eine kurze Pause und öffne deine Augen.
- Setz dich wieder hin, schließe deine Augen, denke an die vorige Situation und drücke den Punkt, was du verankert hast.
- Erlebe wieder dieses Glücksgefühl. Du kannst es öfters probieren.

Sinn ist es, wenn du in einer stressigen Situation bist, oder Angst vor einem Telefonat...usw. hast, kannst du diesen Ankerpunkt drücken und an das Schöne denken. So geht es dir in einigen Sekunden wieder besser, du hast weniger Stress und kannst die kommende Situation gut meistern.

Es gibt verschiedene Ankertechniken. Wenn du nicht einen Punkt ankern willst, kannst du deine schönen Momente anders verbinden. Zum Beispiel:

- Mit einem schönen Lied oder Musik (auditive Anker)
- Mit einem Geruch (olfaktorische Anker).

Im Folgenden erzähle ich dir ein Beispiel aus meiner Kindheit:

Als ich ein Kind war, war ich jedes Jahr mit meinen Eltern im Urlaub in einem Ferienlager für Schüler. (Mein Vater hat in der Schule gearbeitet und im Sommer waren die Lehrer eingeteilt auf die Schüler aufzupassen und mit ihnen einiges zu unternehmen. Die Familie durfte auch mitfahren.)

Wir wurden jeden Morgen mit dem Lied: **Sun of Jamaica** geweckt. Ich mochte dieses Lied. Wenn ich heute dieses Lied höre, erinnere ich mich an meine Kindheit und an diesen schönen Urlauben. Das ist ein auditiver Anker.

Notizen

Visualisieren

„Ein großer Teil unserer Gedanken spielt sich in Bildern ab, je öfter ein und dasselbe Bild in unseren Gedanken auftaucht, desto mehr Kraft entwickelt es. Bilder, die wir vor unserem geistigen Auge sehen, haben große Wirkung auf unser Unterbewusstsein. Sie schreiben uns unsere Realität vor, unterstützen uns dabei wie wir mit einem Problem fertig werden oder wie wir Änderungen vornehmen können."

Visualisieren wird verwendet, um etwas so vorzustellen, wie man es gerne hätte.

Mit der Visualisierung ist die Vorstellung des schon erreichten Ziels gemeint.

Bei dieser Technik gibt es 2 Möglichkeiten:

Einige Menschen sehen sich selbst im Bild oder im Film, also von innen heraus, so als befänden sie sich während der Visualisierung im eigenen Körper bei der visualisierten Tätigkeit.

Andere betrachten sich selbst von außen, also sie beobachten sich selbst bei der Ausführung der Tätigkeit.

Übung zum Visualisieren

- Setz dich entspannt hin.
- Schaue einen Gegenstand ein paar Minuten an und versuche alles wahrzunehmen und einzuprägen.
- Schließe deine Augen und stell den Gegenstand ganz genau, so lebhaft wie möglich vor.
- Öffne deine Augen und vergleiche die Vorstellung mit der Realität.

Die Übung kannst du oft wiederholen.

Visualisieren kann man auch für Beziehungen anwenden.

Du kannst dein Ziel positiv, so genau, wie möglich vorstellen, wie du schon dein Ziel erreicht hättest.

Ein Beispiel: Du bist Single und möchtest eine schöne glückliche Partnerschaft.

Visualisiere deinen Traummann mit allen Eigenschaften, was dir wichtig ist.

Stell dir vor:
- wie er aussieht,
- was er anhat,
- was er zu dir sagt,
- dass ihr zusammen seid. Wie schaut euer Tag aus, was macht ihr gemeinsam... Z.B: in der

Früh neben ihm aufwachen, kuscheln, küssen, aufstehen, zusammen frühstücken...
- Stell dir alle Einzelheiten so lebhaft wie möglich vor.

Notizen

Teil 6

Glück

Glück

Was ist **Glück**? Wie und wo entsteht Glück, in mir, oder im außen? - Das sind typische Fragen.

Glück ist ein Gefühl. Es entsteht in unserem inneren, genauer genommen, im Gehirn.

Du brauchst das Glück nicht im außen zu suchen, weil du es dort nicht finden wirst.

Viele Menschen suchen das Glück im außen und sagen: wenn ich das und das erreiche, oder wenn ich den richtigen Partner an meiner Seite habe, dann werde ich glücklich sein.

Das funktioniert nicht, weil:

- du so das Glücklichsein in die Zukunft verschiebst. Zeit ist nur eine Illusion. Es gibt nur hier und jetzt. Also musst du jetzt handeln und etwas für dein eigenes Glück tun.
- du damit die Verantwortung anderen abgibst und dich von dir selbst ablenkst. Du übernimmst keine Verantwortung für dich. Damit wirst du nie glücklich.

Es ist wichtig, die Verantwortung für dein Leben und deine Entscheidungen selbst zu tragen.

Wie wirst du glücklich? Was kannst du tun?

Es gibt einige Glücksgewohnheiten, die du erlernen und anwenden kannst.

Einige Beispiele:
- Unternimm Dinge, die dir Spaß und Freude machen, wie zum Beispiel Hobbys ausüben. (tanzen, segeln, in die Natur gehen...)
- Verbringe Zeit mit positiven, freudigen Menschen, die dir guttun.
- Werde vom Opfer zum Sieger.
- Meide Glücksräuber. (negative Gewohnheiten und Menschen, die dir nicht guttun)
- Richte deinen Verstand auf Freude aus. (positive Gefühle und Gedanken haben)
- Nimm Zeit für dich.
- Bilde dich weiter. (besuche Kurse und Seminare.)
- Lobe dich und andere.
- Vergib dir und anderen.
- Lass Altes los.
- Finde deine Lebensaufgabe.
- Lache jeden Tag.
- Erstelle eine Liste mit deinen täglichen Ritualen und mache sie jeden Tag. (Es können Rituale für dich und gemeinsame Rituale mit deinem Partner, deinen Eltern, Kindern…sein, z. B: meditieren, laufen gehen,

ein Buch lesen, mit deinem Partner gemütlich frühstücken deinen Kindern eine Geschichte vorlesen...)

Wie sind glückliche Menschen?

Sie sind:
- gesellig,
- entspannt,
- mental gesund,
- dankbar,
- hilfsbereit...und sie strahlen das Glück aus.

Jeder kann glücklich sein, auch du!

Es ist deine Entscheidung. In deinen Beziehungen liegt sehr viel Potenzial zum Glücklichsein. Konzentriere auf die positiven Aspekte in deiner Beziehung und sei dankbar für das, was du hast. So erfährst du Frieden und innere Ruhe.

Notizen

Teil 7

Dankbarkeit

Dankbarkeit

„Dankbarkeit ist ein positives Gefühl oder eine Handlung in Anerkennung einer materiellen oder immateriellen Zuwendung, die man erhalten hat oder erhalten wird."

Man kann für alles dankbar sein: für Gott, Menschen, Ereignisse, Gesundheit, für das schöne Wetter...

Dankbare Menschen sind glücklicher, weniger depressiv, fühlen sich besser, haben weniger Stress, sind zufrieden mit ihrem Leben und ihren Beziehungen. Sie haben mehr positive Möglichkeiten mit den Schwierigkeiten in Ihrem Leben umzugehen. Dankbarkeit hat viele positive Effekte für das menschliche Wohlbefinden.

Übungen zur Dankbarkeit:

- Bedanke dich jeden Tag bei jemandem, für etwas, was der/die andere für dich getan oder gesagt hat.

- Danke für all das, was du hast. Z.B: ich bin dankbar, dass ich eine schöne Wohnung habe, dass ich gesund bin... für meine Kinder, usw. Kleinigkeiten sind auch wichtig, nicht nur große Dinge.
- Schreib jemanden einen Brief und bedanke bei ihm/ihr.
- Führe ein Dankbarkeitstagebuch. Kaufe ein schönes Heft und schreib jeden Tag mind. 3-4 Dinge auf, wofür du heute dankbar bist, was heute gut gelaufen ist.

Notizen

„Achte auf deine Gedanken, denn sie werden deine Worte.

Achte auf deine Worte, denn sie werden deine Handlungen.

Achte auf deine Handlungen, denn sie werden deine Gewohnheiten.

Achte auf deine Gewohnheiten, denn sie werden dein Charakter.

Achte auf deinen Charakter, denn er wird dein Schicksal."

„Aus dem Talmud"

Teil 8

Anhang

Beziehungstest

Bewerte jede Aussage mit einer Zahl zwischen 1 und 5:

   1 = Trifft überhaupt nicht zu

   2 = Trifft wenig zu

   3 = Trifft mäßig zu

   4 = Trifft eher zu

   5 = Trifft sicher zu

1. Ich bin mit meiner Beziehung sehr zufrieden.   1   2   3   4   5
2. Ich kann mit Menschen über meine Probleme reden.   1   2   3   4   5
3. Meine Beziehungen könnten besser sein.   1   2   3   4   5
4. Ich schätze in meiner Beziehung das gemeinsame Lachen und Spaß miteinander.   1   2   3   4   5
5. Ich wünsche mir, mehr Zeit miteinander zu verbringen.   1   2   3   4   5

6. Ich gebe dem Anderen nicht die Schuld, wenn es in der Beziehung Probleme/Meinungsverschiedenheiten gibt.

    1   2   3   4   5

7. Ich suche Lösungen für die Probleme.

    1   2   3   4   5

8. Ich kann gegenüber anderen ich selbst sein. (Ich muss mich nicht verstellen.)

    1   2   3   4   5

9. Ich werde so akzeptiert, wie ich bin.

    1   2   3   4   5

10. Ich vertraue darauf, dass die richtigen Menschen in mein Leben kommen.

    1   2   3   4   5

Auswertung

Wenn du zwischen 40 und 50 Punkte erreicht hast: Du bist mit deiner Beziehung sehr zufrieden.

Wenn du zwischen 20 und 39 Punkte erreicht hast: Du bist mit deiner Beziehung zufrieden.

Wenn du unter 19 Punkte erreicht hast: Du bist mit deiner Beziehung nicht zufrieden.

Egal, wie das Ergebnis jetzt ist, du kannst es immer ändern. Es ist wichtig, dass du anfängst. Wenn du das Buch gelesen, die Übungen und Tipps umgesetzt hast, mach den Test nochmal. So kannst du deine Fortschritte sehen.

Interview mit meiner Freundin und vierfachen Mutter, Andrea V.

Hallo Andrea. Danke dass du Zeit für das Interview nimmst.

Hallo Anna. Mach ich gerne.

Also fangen wir an. Erzähle ein bisschen über dich.

Ich heiße Andrea, bin 49 Jahre alt, verheiratet und habe 4 Kinder.

Lebst du in erster Ehe?

Nein, ich lebe in der zweiten Ehe.

Magst du mir ein bisschen über deine erste Ehe erzählen?

Ja gerne. Ich habe damals in Ungarn gewohnt, in einer Firma gearbeitet und war mit meinem ersten Mann verheiratet. Dann habe ich meine Tochter und dann Zwillingsbuben bekommen (heute 31 und 27J). Es war alles ok, wir waren glücklich. Ich habe alles für meine Familie getan. Nach der Karenz bin ich wieder arbeiten gegangen und habe dort meinen jetzigen Mann kennengelernt. Er war zu dem Zeitpunkt auch verheiratet. Wir haben uns einige Zeit nur heimlich getroffen, weil wir nicht wollten, dass es andere erfahren. Wir wollten uns besser kennenlernen. Die Kinder waren noch ziemlich klein, deswegen wollte ich mich nicht scheiden lassen. Es war eine aufregende und schöne Zeit. Die Liebe zwischen uns wurde immer stärker und wir haben gespürt, dass wir zusammengehören. So habe ich schließlich meinen Mann und er seine Frau verlassen. Wir haben geheiratet und einen Sohn bekommen (heute 11).

Das klingt, wie ein Liebesroman; schön und aufregend. Wie ist es dann weitergegangen?

Es war mit 4 Kindern nicht immer leicht, aber wir haben uns immer zusammengehalten. Das ist bis heute so.

Vor 6 Jahren sind wir zu dritt nach Österreich, nach Klagenfurt gezogen. Die 3 großen Kinder sind in Ungarn geblieben. Meine Söhne sind bei ihrem Vater geblieben und meine Tochter hat eine Wohnung gehabt. Mittlerweile wohnen und arbeiten meine Söhne auch in Klagenfurt. Sie haben ihre eigene Wohnung.

War das eine große Umstellung für euch, ins Ausland zu gehen?

Ja, es war schon eine Umstellung. Wir haben damals kein Deutsch gesprochen. Jetzt geht es schon. Außerdem war es bisschen schwer, die Familie und Freunde zurückzulassen. Mein Mann hat auch Kinder in Ungarn. Wir haben Kontakt mit ihnen und fahren 2-3-mal im Jahr nach Ungarn zu Besuch.

Fühlt ihr wohl in Klagenfurt?

Ja, wir fühlen uns hier wohl.

Das kann ich verstehen. Klagenfurt ist sehr schön. Aber jetzt reden wir über die Liebe:

Was ist Liebe für dich? Wie zeigst du deine Liebe?

Für mich ist die Liebe, meinem Mann und den Kindern zu zeigen, dass ich für sie da bin. Sie können jederzeit zu mir kommen, auch wenn es Probleme gibt. Wir finden gemeinsam immer eine Lösung.

Man hört sehr oft, dass die Liebe und die Gefühle mit der Zeit weniger werden. Wie ist das bei euch?

Zwischen meinem Mann und mir ist die Liebe nach 21 Jahren nicht weniger geworden, im Gegenteil. Es wird immer mehr. Diese Ehe ist ganz anders als meine erste Ehe war. In meiner jetzigen Ehe ist es viel schöner, weil wir offen und ehrlich über alles reden können. In meiner ersten Ehe war das nicht so.

Wie geht ihr miteinander um?

Wir gehen respektvoll miteinander um, wir zeigen unsere Liebe. Wir reden offen und ehrlich über alles und haben keine Geheimnisse voreinander.

Sehr schön, das hört man selten. Aber eigentlich soll es so sein. Hast du schon von Selbstliebe gehört?

Ja, ich habe schon darüber gehört, aber habe mich mit diesem Thema noch nicht beschäftigt.

Meiner Meinung nach ist Selbstliebe auch ganz wichtig. Das heißt, dass du auf dich schaust, dass es dir gut geht und Zeit für dich nimmst. In dieser Zeit machst du nur das, was dir Freude und Spaß macht. Kannst du das vorstellen?

Ja, ich nehme hin und wieder Zeit für mich. Ich gehe mit den Hunden eine Runde spazieren, lese eine Zeitung oder lege mich hin. Aber auf der ersten Stelle steht die Familie und ich tue alles für sie. Da ist immer was los, kochen, putzen, einkaufen, Termine... Da bleibt wenig Zeit für mich. Das ist für mich in Ordnung. Ich kann mir gar nicht vorstellen, ohne sie zu leben.

Machst du im Haushalt alles alleine, oder hilft dir jemand?

Mein Mann und mein Sohn helfen immer mit. Es funktioniert sehr gut. Ich gehe auch arbeiten und deswegen schaffe ich nicht alles.

Was würdest du als Tipp für andere geben, die ihre Beziehung verbessern möchten?

Wichtig ist Respekt, Vertrauen, über alles reden, sich gegenseitig unterstützen und den anderen nicht verändern zu wollen.

Ja, da stimme ich dir voll zu.

Noch eine Frage: Nehmt ihr Zeit für euch zu zweit?

Ja, wir nehmen Zeit für uns, gehen essen oder spazieren. Da können wir in Ruhe miteinander reden. Wir telefonieren tagsüber miteinander. Es ist schön seine Stimme zu hören und es beruhigt mich, wenn ich weiß, dass es ihm gut geht. Wir sagen uns immer wieder, dass wir uns lieben. Das ist ganz wichtig. Das sind unsere Rituale.

Das hört sich toll an.

Liebe Andrea, danke dir für das interessante Gespräch. Ich wünsche dir und deiner Familie weiterhin alles Gute!

Literaturnachweis

Esther & Jerry Hicks: *The Law of Attraction, Liebe – Das Gesetz der Anziehung in der Liebe:* Allegria Verlag, Berlin, 2010

Eva-Maria &Wolfram Zurhorst: *Beziehungsglück: Wie „Liebe dich selbst funktioniert":* - Gräfe und Unzer Verlag GmbH, München, 1. Auflage 2010

Gloria Tate: *Lieben ohne Leiden*- mvg Verlag, Redline GmbH, Heidelberg 2003/2005

Hauke Brost & Marie Theres Kroetz-Relin: *Wie Männer & Frauen Ticken, Über 250 Fakten, die aus jeder Frau eine Männerversteherin und aus jedem Mann einen Frauenversteher machen:* - Schwarzkopf & Schwarzkopf Verlag GmbH, 3. Auflage, November 2010

Skriptum „Ausbildung zum/ zur Dipl.

MentaltrainerIn": - Akademie Mea Vita GmbH, 2016,

Nachwort

Nun sind wir am Ende dieses Buches angelangt. Ich hoffe, dass dir dieses (Arbeits)Buch geholfen hat, dich besser kennenzulernen, zu dir zu finden und dass du einige Erkenntnisse für dich mitnehmen kannst. Mit den im Buch beschriebenen Übungen, hast du die Möglichkeit, deine Beziehungen harmonisch & glücklich zu gestalten.

Das Wichtigste ist, dass du auf dich schaust, dich annimmst und liebst, so wie du bist. Du bist die wichtigste Person in deinem Leben. Du bist immer mit dir zusammen, 24 Stunden am Tag.

Es ist so, dass viele Menschen ihre Beziehungen selbstverständlich nehmen. Man sollte nichts selbstverständlich nehmen. Beziehungen zu pflegen ist auch Arbeit, sie funktionieren nicht von alleine.

Außerdem ist es den meisten Menschen nicht bewusst, dass viele Probleme den Ursprung in ihrer Kindheit haben. Jeder ist in der Kindheit von den Eltern und von anderen Bezugspersonen beeinflusst worden, Muster angenommen, Glaubenssätze gebildet und das praktiziert er jetzt in ihren Beziehungen. Das passiert größtenteils unbewusst.

Die gute Nachricht ist: Es gibt Möglichkeiten, das eigene Leben und die Beziehungen zu verändern.

Der erste Schritt auf dem Weg ist, an dir selbst zu arbeiten, Selbstliebe und Selbstbewusstsein aufzubauen. Der zweite Schritt ist, deine alten Muster, Glaubens-sätze auflösen... Es ist ein langer Prozess, aber wenn du diesen Weg gehst, wirst du belohnt. Es kann vieles verändern. Du hast bessere Beziehung zu dir selbst und zu anderen.

Wenn man nicht mehr weiterweiß, ist es auch hilfreich Unterstützung oder Hilfe zu suchen, weil man alleine die meisten Probleme nicht lösen kann. Bücher sind eine große Stütze und Hilfe, aber können ein persönliches Gespräch nicht ersetzen. Bei einem Gespräch/Coaching oder Training wird durch den Coach/ Trainer das Problem aus einem anderen Blickwinkel betrachtet und reflektiert. Da kommt meistens der „AHA" Moment. Der Coach oder Trainer kann dabei helfen, auf den Grund von dem Problem zu gehen, den IST Zustand zu analysieren und Lösungsmöglichkeiten aufzuzeigen. Es gibt viele verschiedene Möglichkeiten und Übungen, (einen Teil davon habe ich in diesem Buch vorgestellt,) mit deren Hilfe man gute Ergebnisse und die erwünschte Veränderung erzielen kann.

Ich wünsche mir, dass du, liebe Leserin /lieber Leser, aus dem Buch Einiges für dich mitnehmen und umsetzen kannst. Du kannst immer wieder die einzelnen Kapitel lesen und die Übungen machen, die gerade für dich wichtig sind.

Über die Autorin

Anna Nausch wurde 1974 in Ungarn geboren und verbrachte dort die ersten 26 Jahre ihres Lebens. 2001 ist sie nach Österreich gezogen und seitdem lebt sie in Österreich.

Seit ihrer Jugendzeit beschäftigt sie sich intensiv mit dem Thema Beziehungen, Glück, Selbstliebe/Liebe, Selbstwert und Persönlichkeitsentwicklung.

Anna Nausch ist Energetikerin, Dipl. Mentaltrainerin und Coach. Seit Jahren arbeitet sie als Glückscoach & Beziehungsexpertin. Menschen dabei zu unterstützen, dass sie Krisen, Trennungen überwinden, ihre Probleme lösen und ein selbstbestimmtes & glückliches & erfülltes Leben führen können ist ihre Herzensangelegenheit.

Sie gibt Kurse, Seminare und Workshops zu verschiedenen Themen.

Weitere Informationen zu Anna Nausch finden Sie unter:

https://www.anna-nausch.com

Printed in Poland
by Amazon Fulfillment
Poland Sp. z o.o., Wrocław